佛教美术全集 14

莲华接翠观音寺

马元浩 ◆ 摄影

文物出版社

佛教美术全集 ⑭

莲华接翠观音寺

马元浩 ◆ 摄影

文物出版社

【目录】

【序言】

近 20 年来，我与大慈大悲的观世音菩萨结下了不解之缘。因为这个缘分，我奔波于中国的山水之间，寻访各地的庙宇，拍摄了许多古代雕塑观音照片，1994 年由上海古籍出版社出版了《中国雕塑观音》画册，1997 年由台湾艺术家出版社出版了《双林寺彩塑佛像》画册。在香港、上海、青岛、扬州和台北、花莲、台中、台南、苗栗、南投等地举办了"中国雕塑观音"和"观音在人间"专题摄影展。

随着经验和阅历的积累，我了解到，中国的名山大川之中还有十几处庙宇、石窟的古代雕塑观音十分精彩，我尚未涉足。为此，我许诺：一定要在近年内寻访到这些观音，完成摄全中国的雕塑观音这一心愿。这也是我的一个生活目标。

2004 年的一天，四川画友苏国超先生告诉我，他刚去过成都附近新津县的一个观音寺，发现那里一尊"飘海观音"的形象特别好，希望我去看看。苏先生是当地很出名的画家，他的眼光一定不会错。从那一天起，我心里就一直惦记着这一尊"飘海观音"，寻找着机会。不久，机缘就出现了。

2005 年初海南岛博鳌建成荷花馆，有关方面请我任馆长。馆内的佛教陈列室陈列的都是我的雕塑观音图片，在展览厅里是我的"莲缘"摄影绘画展。开幕那天，由中国佛教界高僧剪彩，我有缘与他们相识。同年 4 月 24 日，海南岛南山海上三面观音（108 米高）开光，"海南三亚南山海上观音开光大典主委会"请我举办"中国雕塑观音·莲缘——马元浩摄影展"。在开光大典上，中国和世界各地的佛教界 108 位高僧来到现场，我又见到了高僧。借此机会，我向高僧们表达了在近几年内拍遍中国雕塑观音的心愿，当场得到了大家的赞许和支持。很快，与新津的联系就成功了。

在天气渐冷的 11 月份，我来到了新津观音寺。一进寺门，我就被精妙绝伦的雕塑和壁画所震撼，我伫立在这些艺术珍品前，被感动得久久说不出话来。我马上赶回上海，三天之后就带着助手来然良先生和摄影、灯光器材同赴成都。在上海机场托运的器材有 60 多公斤，超重了 20 多公斤，办手续的航空小姐没有向我收超重费，反而微笑着示意我通过。我对来先生说："有观音菩萨保佑，我们就一路顺利。"到了成都机场，寺庙的清圣法师等三位比丘尼开了小面包车来接机，她们说："知道您马老师到，我们刚刮过头后才赶来，这是我们对客人的最高礼仪。"在路上，她们担心成都这几天的阴雨天气影响拍照。我说："有观音菩萨保佑，天会好的。"

第二天拂晓，天阴沉沉的。我们来到庙里做起了准备工作。但是到了上午十点，清圣法师

新津观音寺的飘海观音雕像，重彩鎏金，足踏巨鳌，纵横自在。

从外面奔进大殿兴奋地对我说:"马老师,天晴了,出太阳了!"我会意地说:"我昨天没说错吧,我是来拍观音菩萨的,天一定会好的!"

记得还是两年前,我赴河北省正定县的隆兴寺拍摄"踩莲观音"。从北京出发时,天气就不好,但在中午我拍摄观音的半小时内,天居然出了太阳,阳光从殿门外反射进大殿,照在观音菩萨身上的光线、色温达到理想的拍摄效果。等我拍完出了殿门,天上的雨滴开始飘了下来,在回北京的路上更是风雨交加,倾盆大雨。这一切,说来真是神奇。

经过两天半的努力,我们完成了拍摄。这时我才感到腰酸背疼,我每踩一步脚底都是钻心的痛。可是我心里却是说不出的喜悦,完全沉浸在一种神圣的欢愉之中。我现在最大的快乐就是把各地鲜为人知的慈祥、平和、生动的观音菩萨形象照片展示给大家。看到观众们兴奋渴望和虔诚的神态,我就得到了最大的满足,这也是我的追求。

前几天,我在中央电视台"走遍中国"节目介绍山西长治时,看到当地"观音堂"中栩栩如生的观音和其他佛像的雕塑精彩之极,立即激发起我的兴奋和拍摄的渴望,马上开始了新的联络。我相信,有观音菩萨在保佑,我一定能如愿以偿。

马元浩 于上海马元浩艺术工作室
2006 年 1 月 20 日冬雨大作之时

新津观音寺观音殿供养之主尊观音菩萨像　高约 5 米　明代成化十一年（1475 年）

【千变万化的观音——
观音形象与名称初探】

佛教自印度传入中国，千年来，随着佛教文化及其信仰的流布，在中国留下了数不尽的佛菩萨造像。然而细细观之，在诸佛菩萨中，像观音这般令人亲切不已的，应该不多吧！事实上观音是印度人创造的空想神格人物，不像一般的佛、菩萨，观音是个真实存在过的历史人物例如释迦、弥勒、文殊等。印度诞生的观音信仰，从其本土逐渐扩散到原本是印度国内，现在却是邻邦的巴基斯坦，以及东南亚的老挝、印尼等，中亚以西藏为中心，延伸到中国、日本韩国等，形成一个几近达亚洲面积的广大信仰圈。再者，随着宗教的展开及其后的密教、印度教、藏传佛教等，众所周知，亦出现种种的观音。事实像这般具有特有形象的表现，亦不多见例如冠有十一面观音、如意轮观音、千手千眼观音等的观音之名即是。

一、【观音造像】

就中国常见的观音造像而言，因于千年的信仰传承，其流变大致可分为三类。

第一类，就是六朝以来所谓的正统观音信仰，其造像极其简洁素朴，几为立像，手中持有莲华、莲蕾之类，令人有如古代仙境般的人物遐思。特别是自北齐起，观音造像有逐渐盛起之势。依于《法华经》的观世音菩萨普门品，是此时造像的圭臬，不过经中强调的救七难思想，在单独的立像上不易

观音救难图　印度奥兰古堡第七窟
第 8 世纪　浮雕（左图）

十一面观音　清代（1644–1911年）　鎏金铜像
高 109 厘米　拉萨罗布林卡藏（右页图）

表现，因而碑像型或石窟壁面的救难场面刻绘，即应运而生。众所周知，早期的印度就有所谓的《观音救难图》或《观音救八难图》，即一尊立像观音菩萨，在其旁两侧各有四铺，共为八铺的《观音救难图》。例如，美国弗利尔美术馆藏的一铺极大尊的隋代佛衣画石刻立像，在其正面下方佛衣上就浅刻出极为精彩写实的《观音救七难图》，其下还搭配有令人怖畏的《地狱图》。

第二类，就是唐代盛起的大悲观音信仰，并非六朝时代的观音别称，而是专指唐代盛起的大悲神

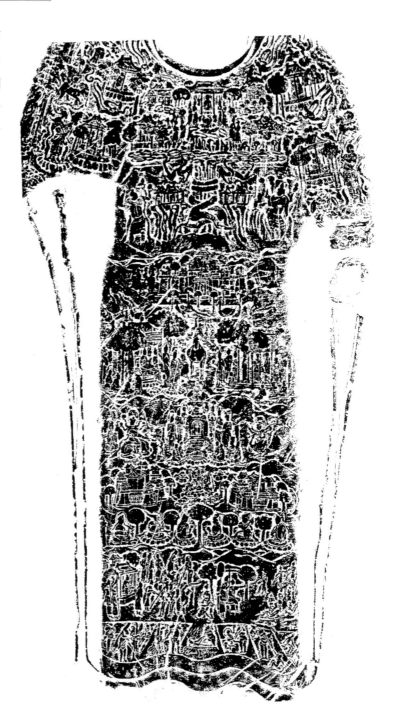

弗利尔美术馆藏隋代石佛立像正面拓片

咒的千手千眼观音。唐代由于国势强大，不仅有玄奘、义净等前往印度求法，更有大唐正式大使王玄策的三访印度，以及武则天时代不空、金刚智等的密教经典的不断译出，促使大唐直接带回当时印度盛起的显教、密教造像粉本以及实像，让大唐一下兴起完全不同于其前南北朝的观音像，开始走向印度式繁复奇异的密教变化观音。这种宛如异国神格的观音确实胜过其前有如仙境般的人物造形，尤其那见有咒术、神力般的强力肢体造形语汇，更为吸引时人。其实从朱景玄《唐朝名画录》一段有关时人画手名家尉迟乙僧描绘慈恩寺千手观音的记述，即可知道。

高宗当太子时，为其亡母文

弗利尔美术馆藏隋代石佛立像正面衲衣画正面局部描图

德皇后在长安建造慈恩寺。当时便请尉迟乙僧为之作画。前述《唐朝名画录》即云："尉迟乙僧者，吐火罗国人。贞观初，其国王以丹青奇妙，荐之阙下……。今慈恩寺塔前功德。又凹凸花面中间千手眼大悲精妙之状，不可名焉。"再者，张彦远的《历代名画记》卷三，记两京寺观等画壁的慈恩寺，有"塔下南门尉迟画。西壁千钵文殊尉迟画"之语。由此知，大唐官方代表塔寺已是以大悲观音信仰的千手千眼观音像为主，但到了北宋末，这类密教观音渐渐退位。不过在民间，尤其是明清时代，密教观音还是势力极盛。

第三类即是宋代兴起的，以中国自身信仰与观音的结合，其实它是藉观音之名，以为中国诸神崇拜之需。例如，众所周知的水月观音、白衣观音、鱼篮观音、杨柳观音、一叶观音、蛤蜊观音、一如观音、洒水观音等。不过，宋代盛起的三十三观音，早在唐代就有微妙的胎动契机，这一点是不应忽略的。

宋代观音造像，尤其寺院外的石窟大型石像，不易见及。木雕类造像，早为世界各地著名博物馆所收藏，故到博物馆尚可见一二。例如，美国堪萨斯纳尔逊美术馆藏的一尊宋代观音即是。不过，2005年暑期走访四川境内十五天，确实见及宋代的大型观音石像。例如大家常去的北山石窟，就有不少密教类的观音像。

二、【观音名称】

观音，众所周知，来自于汉译经典，然而因于版本、地域、译者等不同，有着不少的译名与异称。事实上，这也是探讨观音名称与其意义时，最为不易之处。不过早在本田义英、松本

千手观音像　五代　四川大足北山第273号窟造像

X三郎、后藤大用、盐入良道等知名学者，已作了极为深入精辟的研究成果。今拟藉其研究，X一整理译述。首先，依诸家之说知，观音原名即 Avalokit svara，据说是古代印度阿利安民族X用的圣语，即是梵语的称号。这个古代梵名在汉译经典的音译上亦不少，如：

（一）阿缚卢枳低湿伐罗

（二）阿婆芦吉低舍婆罗

（三）阿缚卢枳柢伊湿伐罗

（四）阿那婆娄吉低输

（五）阿婆楼吉弓税

（六）遄卢羯底摄伐罗

（七）卢楼桓

就中，（六）、（七）值得一述。（六）者，其上冠有"阿朵耶"（arya），即"圣"之语，亦X阿朵耶（阿）遄卢羯底摄伐罗之谓。然"耶"字中摄有"阿"，不过在此中皆被省略不用。

在《大悲心陀罗尼》就有"南无阿朵耶婆卢羯帝烁钵罗耶"，亦即"归命圣观音"之谓。在X顺带一说，早年笔者就学于筑波大学时，曾到奈良六大寺教学实习，在药师寺，相信去过的X友，都会欣赏寺内金堂著名而又极为庄严优美的"金堂药师三尊"，即主尊为药师如来像，左X为日光菩萨、月光菩萨的三尊佛像。然而，您也绝对不会遗漏视线的，是其内一尊更为高贵X美俊秀的"圣观音像"。当时，就不了解这尊像为什么要加个"圣"，而成为与其他六大寺观X菩萨像不一样的"圣观音"，后来，过了好久，读到了后藤大用之作，才恍然大悟弄清楚。

（七）者为"卢楼桓"，若是 Avalokit svara 的音译的话，那就极不完整，毋宁说，倒是可视

圣观音像　奈良药师寺

为古译。不过，若从《大乘经》传译的"嚆矢支娄迦谶"的音译来看，自不同角度的观察，即可发现其研究价值。支娄迦谶为月支国人，后汉灵帝末年来洛阳，于灵帝光和、中平年间（178~188）便译出诸经典。在这么早的传译时代，如此省略，想必深值一究。

其次，就梵名的意译，作一浏览。习惯上，相对于旧译的"观世音"，新译的则是所谓的"观自在"。不过，除二者常见之外，还有不少。今为了便于区别，旧译中，罗什以前的则为古译。即：

古译的：观音、窥音、观世音、光世音、现音声。

旧译的：观世音、观音、观世自在。

新译的：观自在、观世音、观音、观世自在。

众所周知，玄奘译的「观自在」与现存的梵本"阿缚卢枳低湿伐罗"（Avalokit svara = Avalokit + svara）正相一致，即 Avalokita 为"所观、观察"+ svara 为"自由自在"之谓。事实上，从近年的研究可知，梵语本身亦有转讹，而且随着时代亦有变化。因此过去玄奘视为不正确的观音、光世音、观世音，其实皆有所本。近年中亚出土的梵本《法华经》〈普门品〉残简，就记为"阿婆卢吉它湿伐罗"（Avalokitasrava = Avalokta + svara）。因此汉译的观音，即 Avaloka 为"所观、观察"+ svara 为"音"。因此，将此译为光世音、观世音，也是应有其道理的。

若说起"光"，即 Avalokita 的 lokita，其语根 lok 有"光"的意义。不过，此意甚少使用，故竺法护在译《法华经》时，若取以此甚为少用的意义，其实是不对的，不如说，应视为是 lokita 因于意味光明的卢迦（roka（语根 ruc））衍生出来的，而译成"光"之语。事实上，这是（r/L）混同。还有，类似的阿卢迦（aloka）之语，亦有光明之意，故使用"光"字。

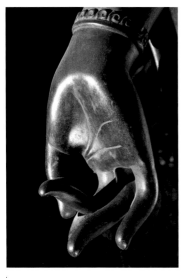

圣观音像的右手　奈良药师寺

再者，就是"世"。其实在鸠摩罗什之前，就散见有观世音的若干译语，罗什也许是承袭而来的吧！Avalokita 为"看见"（语根 lok）的过去受动分词，赋予 Ava 的接头语，因此被汉译成"观、见、观见、所见、所观察"等，但是此语字可视作包含有"卢迦"（loka "世、世间、众生"）之语，可发现混入"世"字。再者，罗什在译《观世音菩萨普门品》有"闻是观世音菩萨，一心称名。观世音菩萨，即时观其音声，皆得解脱。"（《大正藏》册九，页五六一 c）然而在现存的梵本则为"若是他们能听闻有伟大志向的求法者 Avalokit svara 之名，他们便可能从所有的聚积苦恼中解放！"看不到"一心称名"与"即时观其音声"之句。这样来看，竺法护译的"适闻光世音菩萨名者，辄得解脱，无有众恼。"（《大正藏》册九，128 页一c）反倒较近梵本。当然，由此亦知"一心称名"、"即时观其音声"，虽可怀疑是罗什插入的，不过又无任何的其他证据，故应视为是罗什的梵本较为妥当吧！如果依罗什译的传统性读法，观音是意指观见一心称名观音之名的众生音声，得以解脱之谓，而其音声，即众生之声、世间音声，换言之，就是所谓的"世音"。事实此处的读法亦有异论，不过就传统读法而言，倒是妥当。罗什的观世音译名，其实是有所本的。在后秦僧肇的《维摩经》注书《注经摩诘经》中，有罗什的观世音菩萨之释，即"什曰。世有危难。称名自归。菩萨观其音声。既得解脱。亦名观世念。亦名观自在也。"（《大正藏》册三八，331 页一c）。不过异本则是观世自在。然而，不管怎么说，"自在"之意的原典，早为罗什所用，因而唐代玄奘、实叉难陀、菩提流志、宋代法监的"观自在"之译，其实皆是在罗什之后的。

　　总之，罗什当时的观音梵名，大概是 Avalokitasvara，因而译为"观音"是最贴近原意的，而玄奘的"观自在"，即 Avalokit svara，可知是梵名自身已变化的结果。当然，此中仍有不明之

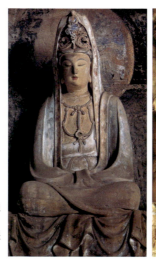

数珠观音　南宋　四川大足北山第 136 号转轮经
窟主像右壁造像　高 191 厘米（左图）

衣观音　北宋　四川安岳华岩洞主佛　左壁造像
410 厘米（右图）

处，待今后研究。其后，梵名因于佛教在印度教中，受到其教诸神的影响而逐渐变化，在印度
其后竟变化成 Lok svara。此外，还有 samanta-mukha 之名，依岩本裕之后知，这个若汉译，即是
所谓的"普门"，亦即"颜脸朝向所有各面"的菩萨之意。事实上，这即是其后、或者说是宗
教的十一面观音有所本之处。即是将 samanta-mukha 具体化的菩萨姿形。

三、【观音经典】

正如所知，宣扬观音的经典，并非只限于《法华经》，此外尚有净土系经典，以及《华严
经》等。

《法华经》主要在《观世音菩萨普门品》。此品主题即在宣扬救七难、去三毒、应二求以及
三十三变化身十九说法。

救七难——即火难、水难、风难（罗刹难）、王难、鬼难、枷锁难、怨贼难。众生遭此众难
只要称名观音，所有遇难皆可去除。事实这即是观音信仰流传的最大动力之因，看看敦煌上的
各类变相图，即可知之。

去三毒——即淫欲、嗔恚、愚痴。只要经常恭敬念唱观音，即可解除此等三毒烦恼。

应二求——即男儿、女儿。只要您礼拜祈求，即可得男、女小孩。事实这是造成自唐代之
后，民间寺庙极度盛行观音娘娘信仰的一个原因。

三十三变化身十九说法——即佛身、辟支佛身、声闻身、梵王身、帝释身、自在天身、大
自在天身、天大将军身、毗沙门身、小王身、长者身、居士身、宰官身、婆罗门身、比丘身

观音菩萨坐像 宋代 木雕 高94厘米 纽约大都会美术馆藏

比丘尼身、优婆塞身、优婆夷身、长者妇女身、居士妇女身、婆罗门身、童男身、童女身、天身、龙身、夜叉身、乾闼婆身、阿修罗身、迦楼罗身、紧那罗身、摩罗迦身、执金刚身。观音为了众生说法，可变化三十三身，令众生感到观音无所不在，无处不救。十九说法，理论上应是三十三说法，但经中对"比丘、比丘尼、优婆塞、优婆夷……"，是作一整理记述，故经中出现"说法"之语，只有十九次，故谓十九说法。

净土系的经典，例如《无量寿经》就有观音的登场。其实早在支谦译的《大阿弥陀经》已出现观音为阿弥陀的胁侍。净土系经典旨在宣畅四十八大愿，以利众生前往佛国净土。在《无量寿经》中，观音与势至二大菩萨登场，经云"是二菩萨。于此国土。修菩萨行。命终转化。生彼佛国。"清楚点出随着净土思想的发展，已潜藏着对观音的特别对待。在《观无量寿经》中有著名的十六观想，其中的第十观即是观世音菩萨真实色身想，即"若有欲观观世音菩萨者，当作是观。作是观者，不遇诸祸，净除业障，除无数世生死之罪。如此菩萨，但闻其名，获无量福，何况谛观。"（《大正藏》册十二，页三四四—a。）知透过观想，获致同于其他观想的功德果报，尤其是"但闻其名，获无量福"的现报利益，确实促使自唐代之后的观音信仰更为盛行。事实上，唐代盛起的观音造像，已不止于《法华经》的观音各面信仰思想，而早已走入与韩国净土思想结合，此实深值一探。

《华严经》主要在《入法界品》，此品旨在宣说善财童子遍历拜访，求授五十三次善知识的说法。第二十七次的拜访者即是观音，此中还记述了观音的住所实况，即：在南方有座名叫怛罗迦的山，那边有个名叫观自在的菩萨，您可以去那儿请教菩萨的修行。接着描述山的情

观音菩萨坐像　元、明初（14世纪）
铜高 33.9 厘米　旧金山布伦达治收藏（左图）

观音菩萨龛像　唐代　木雕　高 22.2 厘米　纽约大都会美术馆藏（右图）

景，即：海上的那座山，住着很多圣贤者，有极多宝物装饰，极为清净。遍树花果树木，有泉池等。勇猛的大夫观自在，为了利益众生住在这座山上。于是善财童子便于山中寻访以探观音在山的西面岩谷中，有泉水潺潺流着，茂密的树林、柔软的香草，右旋布地。这时观自在菩萨于金刚宝石上结跏趺坐，四周有无量的菩萨都坐在宝石上，恭敬围绕。

当善财童子在这儿遇到了观音，便请教什么是菩萨道。观音即回答：我是以菩萨大悲行门平等教化一切众生，或以布施、爱语等，或者以音声、威仪、说法、济救众生。或现神变，令其心悟，到为化现同类之形，与其共居。我修行此大悲行早，愿常救护一切众生，使其远离险道、热恼、系缚、杀害、贫穷、死亡、爱别等。愿诸众生，若念於我，若称我名，若见我身，皆得免离一切怖畏。其中的"念我"、"称我"、"见我"，得免一切怖畏，即是观音信仰的魅力之处。

观音住所的补怛罗迦山，亦称补陀落山，或光明山、海岛山等。玄奘的《大唐西域记》记有此山在印度大陆南端，近于渡海到斯里兰卡的海路附近，是真实存在的。中国一般以浙江省舟山群岛中的小岛普陀山为观音住所，也就是著名的观音道场。普陀山原来是西汉末名叫梅福仙人来此隐居之所，因于梅福，故此处又叫梅岑山。唐代时有许多佛教僧人来访此小岛，发现类似《华严经》等宣说的补陀山，因而视为观音圣地。特别是日本僧人慧萼在此建造了"不肯去观音院"之后，便成为广为人知的观音道场。

事实，宋代起出现了所谓的水月观音造像，即坐在岩石般的金刚宝座上，其旁有山岩流水、扶疏竹林等，造型极美，有如人间仙境般。例如，今藏于美国堪萨斯纳尔逊美术馆极为著名的宋代约十一至十二世纪的观音像，就是源自于《华严经》补陀落山而来的造形思惟创作。

水月观音 宋代 纳尔逊美术馆藏（右图）

观音菩萨立像 隋代 石灰岩 高162厘米
哈佛大学佛格美术馆藏（左图）

四、【观音性别】

观音是男？是女？是长久以来，人们疑问不已，且又好奇不断的课题。一般而言，对此问题，直接以《法华经》《观世音菩萨普门品》三十三变化的男性、女性身皆可，可回答观音是男性，亦是女性。例如，经中即云，"应以童男童女身得度者。即现童男童女身而为说法。"除此，尚有"长者身，长者妇女身"、"居士身、居士妇女身"、"婆罗门身、婆罗门妇女身"、"优婆塞身、优婆夷身"，让人见及观音是极自然的，可现男性身，亦可现女性身，无所谓的疑问不已的问题。不过，《法华经》已是大乘佛教经典，并非原始佛教的早期之说。换言之，是受到相当长久演化变迁而来的男女性身观。关于此，不妨听听后藤大用之说。

首先，就印度的梵语观之，所有的名词有男性、女性，以及中性三类。梵语，即 sanskrita，依印度古代传说，即是世界开天辟地之始，名叫"光音"（bhsvara）的梵天所创造的圣语（ryavca），象古早的吠陀、奥义书，就是使用这种语言，公元前 1500 年前，居住在五河流域的印度阿利安（rya）民族使用的也是这种语言。以这样来看观音菩萨的原名，Avalokit svara 的梵名，很清楚是男性单数名词，故依此原语学之释，观音菩萨的原始本性是男性神格，应是妥当的。

再者，从佛教的原本立场来看，女性是逊于男性的。从我们经常在经典中读到"女人有五不净"即可知，在安乐世界没有女人，在那儿皆是男子。即令经典极度发达的净土系诸部经典中，阿弥陀佛的极乐世界里就是没有女人及其名字。这样来看，从教理史立场观之，观音菩萨的原始本相，可推想也是以男性而被礼赞的吧！若依大乘诸经典所揭示的，观音净土亦无声闻、象觉之名，从其国土充满纯是诸菩萨来看，原始意义的观音，可断定是男性，应是没有问题的。

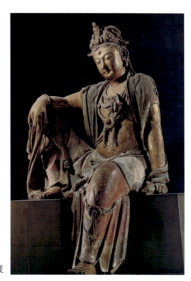

观音菩萨坐像 宋代 木雕 高 141 厘米 波士顿美术馆藏

《悲华经》有云"善男子，今当字汝为观世音。善男子，汝行菩萨道，已有百千无量亿那由他众生得离苦恼。"（《大正藏》册三，186页—a。）此中称以"善男子"很清楚道出观音菩萨即是男性之谓。

还有，对观音菩萨神格影响甚大的，就是本生故事。本生故事中，有547则菩萨故事，而且这些菩萨故事中的菩萨，都是以男性出现，看不到有一个女性的出现。故由上述知，可推断观音菩萨的原始本相是男性神格。

不过，到了后代，由于婆罗门神话的掺杂混入，受了女神的影响，观音才逐渐由男性的神格逐渐女性化。大凡印度古代婆罗门教习俗上有个作为婆罗门神配偶的女神，名叫铄乞底（sakti），而崇拜这位女神的宗派，就叫作神妃派。铄乞底，即性力之意，依其信仰，神妃被当为主神性力的拟人，因而主神的性力，被视为依其妃本身的潜在势力而定。故女神不仅是神妃派的本尊，亦是一般信仰的对象，为崇拜者所依归。女神的性格主要在于慈和勇的二面性格上，就中温和慈悲的神性，即是神化的本性。这样的思想一混入佛教，就成为密部教理的构想，而且这个女神崇拜思想，就为男性神格的观音菩萨完全导入了女性神格，并且彻底转化。如准胝观音，就诞生出纯粹的女性神格，并为三世诸佛，且备受敬奉。

然而，就近代观音信仰的倾向而言，确实是朝向母性化的信仰崇拜的。观世音有着源源不绝的能量源泉，也就是绝对的永恒性。母亲为了子女，源源不绝地注入其慈悲性，宛如母性爱的绝对化、永恒化。以慈悲、慈爱而言，具备充分爱情的自律性"形样"，怎么说，就是气质高雅、品格高尚的现实观音菩萨——即母亲了。换言之，母亲也罢！观音也罢！让我们在永恒中，引导我们到永恒净土的，事实就是母亲、就是观音。这个根源，必是使最初在印度是男性神格崇拜的观音，逐渐成为女性神格的礼敬崇仰，走向母性权化的瞻仰礼赞的原因。换言之，原本男性的理智、勇健骨相表现，走向悲智、圆满女性化的，毋宁说即是母性慈爱相好的胜地。

救世观音像　日本法隆寺梦殿

观音菩萨半跏坐像　宋代　木雕　高118.1厘米　纽约大都会美术馆藏

【莲华接翠观音寺】

　　四川成都西南 40 公里处的新津县。县城以南 7.5 公里处，有座九莲山。山势起伏，九峰扶卫，如同九朵妙莲齐开，这就是新津十二景之一的"莲华接翠"，识者向来奉为修仙行道的祥瑞圣地。历史悠久的明代古刹观音寺，便坐落在九莲山麓的浮云古木之间。

　　这座梵宇名刹，始建于宋代淳熙八年（1181 年），迄今已有八百余年的历史了。据载，宋朝丞相、佛门居士张商英的故居，就在观音寺的近侧。因此，当地流传着张商英遗言身后舍宅而为观音寺的故事。山门前的水塘，一直称为相府塘（张商英丞相府之塘），以前寺内曾建有太师殿，供奉"宋资政殿大学士尚书右仆射同平章事追赠少保张商英"塑像，上世纪三十年代仍毁。现在寺内的古榕树下，还立着一块"宋少保张商英之故里"的纪念碑。

　　当年的观音寺规模十分宏大，号称殿宇一百零八重，系川西著名的大道场之一。元末兵燹，寺庙焚毁殆尽。明代宣德年间，蜀僧碧峰、福宾，募化重建观音寺，历尽艰辛，终于在原寺废墟上再现气势巍峨的十二重殿宇。

　　明末清初，蜀中动乱，寺庙又遭劫难。断壁颓圮，破败不堪。清代道光、同治、光绪年间由于高僧驻锡，信众襄助，陆续增建了殿宇十数重，并改为十方丛林，接纳四方禅客，广弘如来佛法，恢复了宋、元以来的兴盛局面。

　　此后百年沧桑，迭经风雨，观音寺日渐衰败式微。1940 年 12 月，中国近代著名的历史学家北京大学教授顾颉刚先生，曾慕名到新津观音寺游览，他在后来的《新津游记》一文中发出了

四川新津莲华接翠观音寺正门

四川新津莲华接翠观音寺正门（上图）

四川新津莲华接翠观音寺的门后背（下图）

纪念碑亭，亭中竖立着"宋少保张商英之故里"碑，"少保"系张商英去世后宋徽宗赐赠的封号。（上图）

观音寺附近的古榕树（左图）

观音寺门匾，上题有"无上正觉"四字。

大明弘治三年秋七月十七日谷旦所刻的《九莲山平盖治观音禅寺重修碑记》

这样的感慨："这寺当初落成时，是一个极大的庙子。可惜元末毁於兵燹。到明代中叶，又由和尚们兴建起来，清代再加几次培修，才成十重殿宇，与旧址相较，已经缩小了大半。中间一段还保存明成化以来的壁画，庄严肃穆，因系胶漆所绘，不易剥蚀。诸殿佛像也各极其妙，颜色凝湛，想来明代遗迹必然存留不少……渐归荒废，倘再不加修理，数十年以后，这些有价值的艺术恐有同归于尽的危险。"

等到观音寺2001年被列为全国重点文物保护单位时，仅存明代的毗卢殿、观音殿和清代的三门、弥勒殿、接引殿等数处古建筑了。

不过，尽管这座明代尼寺，一度因地僻年久而"藏在深闺人未识"，尽管其梵宇外观没有雕梁画栋的华丽装饰，但是观音寺里那艺术价值、文物价值和观赏价值极高的明代壁画和明代塑象，近来名声日播，吸引了愈来愈多的专家学者和中外游客前往考察、游览。

观音寺的精华，在于明代的建筑、壁画、雕塑三位一体组成的古代艺术综合体，三者互相对比，互相衬托，珠联璧合，相得益彰，从而使它的艺术感染力远远超过任何一件单一的作品。

观音寺的毗卢殿和观音殿均为木结构的建筑物。毗卢殿建于明天顺六年（1462年），为单檐歇山式建筑，按宋代《营造法式》规定，属我国典型的抬梁式建筑体系。屋面由正脊、前后两剁脊、两鳌脊组成九级歇山，脊上有明代"鸱吻"图案。筒瓦铺盖，斜度上陡下缓。屋檐下的平座斗拱尤为引人注目。每座斗拱由六个散斗组成，作为过渡部分，斗拱起着承受屋顶与转接重量的作用。

毗卢殿的外观并不特别宏伟，亦没有流光溢彩的装饰，但那朴实无华的黑色，给人一种庄重肃穆的感觉。走进大殿，你立刻就会被左右两壁精湛绝伦的壁画所倾倒。这些大型壁画绘制于宪宗成化四年（1468 年），被誉为观音寺的"镇寺之宝"。

全殿壁画分为上、中、下三层。上层绘飞天、幢幡宝盖和天宫奇景，中层绘十二圆觉菩萨和二十四天尊，下层绘龛座、神兽、供养人像。其中最精妙的壁画，是十二圆觉菩萨、二十四诸天及十三个供养人像。

整个大殿的壁画全用传统的工笔重彩技法，以石青、石绿、朱砂、珠粉填色，描金生漆勾勒，构图严谨，技艺精湛，色彩明亮而柔和，线条流畅而多变，画中每一个人物的衣饰细节和面部表情，都刻画得唯妙唯肖、生动活泼，一反传统宗教艺术因内容严肃而流于僵化刻板的通病，将庄严端肃的宗教思想，寓托于美轮美奂的艺术造形之中，堪与北京法海寺和山西永乐宫壁画媲美。其中左壁的披纱菩萨像尤为精彩，她身披的白纱，薄如蝉翼。透过纱上菱形和雪花形图案，隐约可见其肌肤之丰润，专家誉之为"东方蒙娜丽莎"，实为明代壁画之珍品。

观音殿较毗卢殿宏大，建于明宪宗成化五年（1469 年），亦为单檐歇山式建筑。面阔五间，进深十架椽。除四根角柱外，前后共有八根檐柱和十二根内柱支撑屋面。内柱直径五十厘米。柱上绘有黑白两色明代风格的几何图案，柱基皆石刻盘龙、狮戏、蟾蜍图像。

殿堂莲座上为造型优美、神态端庄的文殊、观音、普贤三大士像，左右壁塑五百罗汉，千姿百态，栩栩如生，无一雷同。这些塑像成于明成化十一年（1475 年），比新都宝光寺的五百罗汉早三百余年。

观音三大士像的背后为四川峨嵋山，浙江普陀山和山西五台山全景的深浮悬塑。正中普陀山胜景中足踏鳌鱼的"飘海观音"塑像，高 2.48 米，手持净瓶，脚踏鳌头，置身在波涛汹涌的南海普陀山之中。观音体态匀称，慈祥沉静，端庄秀美，温柔优雅，充满著青春的活力。她身

毗卢殿（建于明天顺六年，1462 年）后门

观音寺毗卢殿正门（上图）
从毗卢殿里观看观音殿（下图）

体微微前倾，衣裙飘舞，如天人下凡。著名美学家王朝闻誉之为"东方维纳斯"。

新津观音寺的明代壁画和塑像，在内容和形式、重点和一般、主要和次要、写实与传神等方面，都达到了高度的和谐与统一，是我国宗教和艺术殿堂的瑰宝，是研究明代历史文化与绘画、雕塑艺术的宝贵资料，被文物专家称为"文物精品中的精品"。

现在，作为成都周边极富历史人文能量的名胜之一，新津观音寺正以其精湛的佛教艺术和深厚的宗教文化，日益受到人们的注目与青睐。2004 年，新津观音寺与西藏布达拉宫等绝世名胜一道，被列为全国十大文物保护重点修复工程。一批文物修复专家已进驻观音寺，运用最新高科技技术，开始修复工作。相信在不久的将来，这颗国宝级的古代艺术明珠必将焕发出更加夺目的光彩。

在毗卢殿后门殿外"燃灯古佛"前，有一块明代石刻，做为燃灯之用。

观音殿建于明宪宗成化五年（1469 年）

【雄浑壮观的观音殿明代雕塑】

观音寺的大殿内，现存塑像共有653尊，其中绝大部分保存于观音殿中。

观音殿占地面积333平方米，建在一座高台上，色彩厚重，气势不凡。殿门一副楹联为：

玉琢金雕喜舜日尧天重辉古寺，云来月往听晨钟暮鼓一洗尘心。

观音寺以观音殿而得名，所以，该寺主殿所供奉的，自然是观音菩萨了。观音是佛教诸神中在中国民间影响最大、信仰最众的一尊菩萨。全称是"大慈大悲救苦救难观世音菩萨"，简称为观世音菩萨，唐代因避太宗李世民的名讳，略称观音菩萨，为极乐世界"西方三圣"之一。

菩萨又称"大士"，因此以观音为主供的佛殿，又称大士殿。如果供奉观音、文殊、普贤三尊菩萨的，则观音居中，文殊在左，普贤在右，称为"二大士殿"；如果专供观音一尊菩萨的，常称为"圆通殿"，因为观音曾有"圆通"的美名。

在佛教传说中，观世音菩萨能变化成无数的形象，众生有难时只要诵念其名号，菩萨即观其音声，并以不同的形象前往拯救解脱。据《妙法莲花经·普门品》说，观世音菩萨有三十三种变化身，表明观音能以不同的身份、不同的性别、不同的形象"随类化度"众生。与此相应的，就有了三十三尊不同的观音塑像。如最常见的甘露观音（手持杨枝净瓶）、读经观音（坐

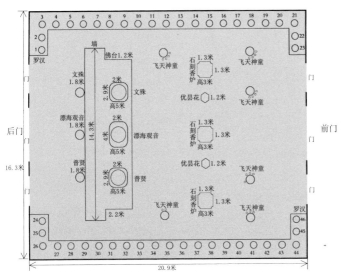

观音殿平面位置图（左页图）

在佛台上的文殊、观音、普贤三尊佛像（上图）

在观音殿的六根红柱上，有20个飞天神童足踩云彩，眉目清秀，天真稚气。（左、右页图）

观音殿六根红柱上足踩云彩的飞天神童，表情与造型均十分活泼生动。（左、右页图）

岩头手持经卷作阅状）、圆光观音（背后有炽盛火焰圆光）、琉璃观音（手持香炉）、鳌鱼观音（站立鳌鱼背上），以及合掌观音、千手观音等等。

新津观音寺的观音殿为三大士殿。殿内石砌佛台中央所供奉之主尊观音菩萨，跏趺坐在莲花上，其驮骑为造型神俊的怪兽"独角金毛吼"。左右辅尊文殊、普贤两菩萨跏趺坐在须弥座上。整个三大士塑像高约 5 米，造型优美，肃穆庄严。三大士均头戴庄严宝冠，身披璎珞，面容丰约沉静，神态端庄，身材匀称健美，目光慈和亲切，衣饰珍宝亦生动明晰，飘逸典雅，给人一种秀外慧中的内涵美。背屏中的奇花瑞草、灵禽异兽、八宝图案，色彩鲜艳夺目，富丽堂皇。

据观音像右边莲花瓣上的题记，这些塑像完成于明成化十一年（1475 年），迄今已有五百余年的历史了。塑像者是四川荣县昌本澄、晶本洛，装彩人是江西南昌雷昌胜、罗宗江。

观音殿上的三座五级镂空石刻香炉，亦是明代艺术珍品。香炉均高 3 米，或刻佛本身故事及菩萨经变故事，或刻佛道两教人物及楼台，或刻缠枝牡丹及云纹卷草，皆刀法娴熟，线条流畅，玲珑剔透，栩栩如生。

观音菩萨妙莲座下方的图案造型

石砌佛台中央供养之主尊观音菩萨像，高约五米，跌坐于妙莲上，由一造型神俊的独角兽所驮。

普贤莲台坐像，高约五米，头戴宝冠，肌肉丰腴，造型对称，敦厚安详，衣纹绉褶自然。

在主尊观音菩萨的左右墙壁绘有色彩祥云，并塑有踏在灵禽上的飞天神童。

飞天神童站立在龙柱上，右方绘有色彩祥云。（上图）
飞天神童站立在凤柱上，左右两边绘有色彩祥云。（左页图）

文殊莲台坐像，高约五米，头戴宝冠，面颊风韵，庄严肃穆。（左、右页图）

观音殿主尊三大士塑像之间的石砌佛台上刻有各种灵禽异兽的图案。上图为麒麟奔跑图，左页为瑞狮图。

观音殿主尊三大土塑像之间的石砌佛台上，饰有神话人物、奇花瑞草与灵禽异兽，色彩鲜艳夺目，富丽堂皇。
（左、右页图）

正中香炉上神像雕塑造型局部（本页两图）

观音殿中间雕工细致的香炉，刻于明嘉靖三十年（1551年）。（右页图）

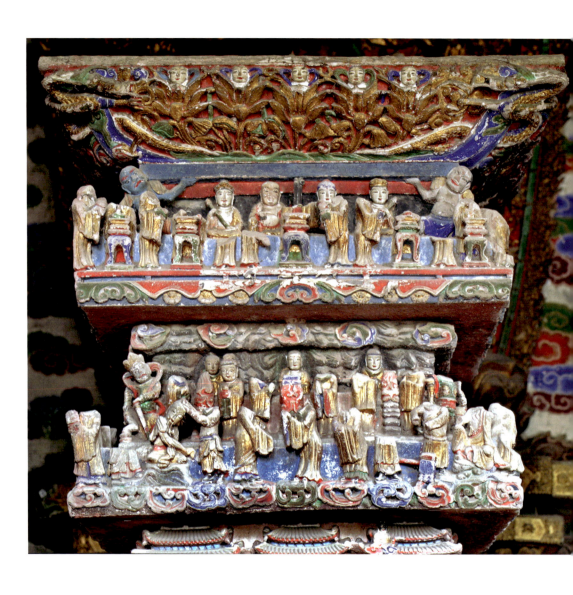

左边香炉局部（上图）

观音殿左边香炉，刻于明嘉靖三十年（1551年）。（右页图）

54

右边香炉造型局部（上图）

优昙花。此花三千年才开花，开花时有转轮圣王出世，在此陈列为表法作用，表示佛法在世间受到的珍重。有言道："一失人身万劫难复，世之千金难买佛之一法。"（下图）

观音殿右边香炉，刻于明嘉靖三十四年（1555年）。

在三位主尊大士的左右两壁，环立着栩栩如生的五百罗汉像。在中国，象征吉祥与力量的五百罗汉几乎是家喻户晓。罗汉是永除烦恼，永被供养，永免生死轮回之苦的修行者，是小乘佛教修行的最高果位。五百罗汉的说法，起源于随侍释迦牟尼左右的五百弟子。唐代著名雕塑家杨惠之曾在河南府广爱寺塑了五百罗汉，这是现知最早的汉化五百罗汉像。至于五百罗汉的名字，最初纯是后人牵强附会臆造出来的（近现代佛教寺院所塑的五百罗汉像，名号则均以《嘉兴续藏》为依据）。众罗汉的奇姿异态，也出自匠人们的创作灵感，并没有佛经史料依据。正因为如此，罗汉的塑像受仪轨限制比较少，允许作者凭自己的生活感受，发挥艺术想像能力。创造的作品在所有佛教的雕塑群像中也就显得比较有生气了。

【五百罗汉—造像独特·细腻传神】

新津观音殿里的五百罗汉，因受大殿空间的局限，艺人们别具匠心地"一分为二"，分塑成大小二批罗汉。大殿两侧木龛内是高达1.9米、工艺特别细腻传神的四十六尊大罗汉。这是根据《法位元记》的"十八罗汉"和《景德传灯录》的"西天二十八祖"而塑成的。其余四百多高约50米的小型罗汉，则雕塑在以海水背景为衬托的厢壁上。

这些塑像摆脱了佛教传统泥塑千人一面的模式和正襟危坐的呆板模样。每个罗汉都有自己独特的个性，像貌表情和动作神态无一雷同。有的憨厚可爱，有的阴险狡诈；有的豁达大度，有的谨小慎微；有的勇武威风，有的胆小如鼠；有的清心静坐，有的剑拔弩张，其形态之逼真栩栩宛若真人。众罗汉的衣着更是五花八门，色彩缤纷，充满着浓厚的生活气息。从制作工艺和艺术匠心上，都体现了创作者超出常流的才华和心智。

观音殿五百罗汉塑像，由左至右为 1 号至 6 号大罗汉。

观音殿五百罗汉塑像，由左至右为 7 号至 10 号大罗汉。（上图）
观音殿五百罗汉塑像，9 号大罗汉的优雅端庄造型。（左页图）

观音殿五百罗汉塑像，由左至右为 11 号至 13 号大罗汉。

观音殿五百罗汉塑像，由左至右为 14 号至 17 号大罗汉。

观音殿五百罗汉塑像，由左至右为 17 号至 20 号大罗汉。

观音殿五百罗汉塑像，由左至右为 19 号至 23 号大罗汉。

观音殿五百罗汉塑像，由右至左为24号至28号大罗汉。

观音殿五百罗汉塑像，由右至左为 28 号至 32 号大罗汉。

观音殿五百罗汉塑像，由右至左为 31 号至 34 号大罗汉。

观音殿五百罗汉塑像，由右至左为 35 号至 38 号大罗汉。

观音殿五百罗汉塑像，由右至左为 38 号至 43 号大罗汉。(上图)
观音殿五百罗汉塑像，由右至左为 43 号至 46 号大罗汉。(右页图)

观音殿五百罗汉塑像，由左至右为4号至6号大罗汉。（上图）
观音殿五百罗汉塑像，由左至右为1号至3号大罗汉。（左页图）

观音殿五百罗汉塑像，由左至右为 7 号至 8 号大罗汉。（上图）
观音殿五百罗汉塑像，10 号大罗汉。（右页图）

观音殿五百罗汉塑像，由左至右为 11 至 13 号大罗汉。

观音殿五百罗汉塑像，由左至右为 11 号至 16 号大罗汉。

观音殿五百罗汉塑像，由左至右为 17 号至 18 号大罗汉。

观音殿五百罗汉塑像，由左至右为 19 号至 21 号大罗汉。

观音殿五百罗汉塑像，由左至右为 22 号至 23 号大罗汉。

观音殿五百罗汉塑像，由右至左为 24 号至 25 号大罗汉。

观音殿五百罗汉塑像，28号大罗汉。

观音殿五百罗汉塑像，由右至左为 29 号至 30 号大罗汉。

观音殿五百罗汉塑像，由右至左为 31 号至 32 号大罗汉。

观音殿五百罗汉塑像，由右至左为 33 号至 34 号大罗汉。

观音殿五百罗汉塑像，由右至左为 35 号至 37 号大罗汉。（上图）

观音殿五百罗汉塑像，39 号大罗汉。（右页图）

观音殿五百罗汉塑像，由右至左为 40 号至 41 号大罗汉。

观音殿五百罗汉塑像，42 号大罗汉。

观音殿五百罗汉塑像，44 号大罗汉。（上图）
观音殿五百罗汉塑像，43 号大罗汉。（左页图）

观音殿五百罗汉塑像，45号大罗汉。（上图）
观音殿五百罗汉塑像，46号大罗汉。（右页图）

观音殿五百罗汉塑像，壁上的小型罗汉。（左、右页图）

观音殿五百罗汉塑像，壁上的小型罗汉。（左、右页图）

观音殿五百罗汉塑像，壁上的小型罗汉。（左、右页图）

观音殿五百罗汉塑像，壁上的小型罗汉。（左、右页图）

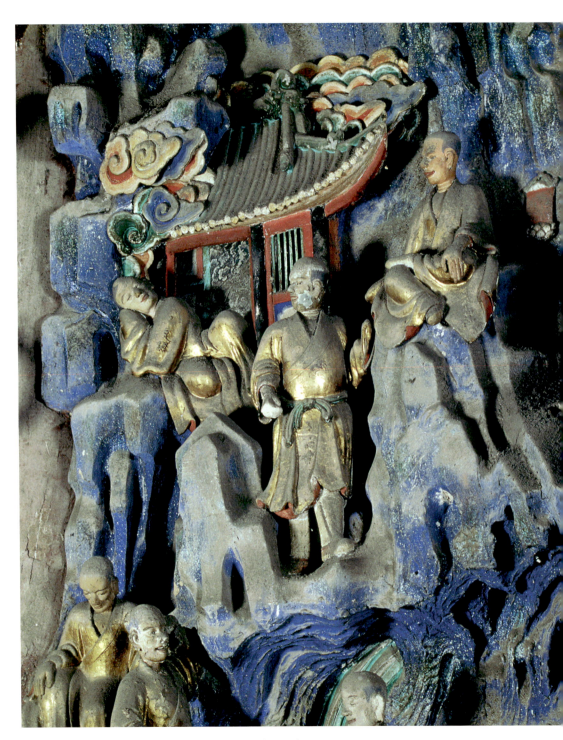

观音殿五百罗汉塑像，壁上的小型罗汉。（左、右页图）

观音殿五百罗汉塑像，壁上的小型罗汉。（左、右页图）

观音殿五百罗汉塑像，壁上的小型罗汉。（左、右页图）

观音殿五百罗汉塑像，壁上的小型罗汉。（左、右页图）

观音殿五百罗汉塑像，壁上的小型罗汉。（左、右页图）

观音殿五百罗汉塑像壁上的建筑山川彩云景物。（上图）

观音殿五百罗汉塑像，壁上的小型罗汉。（左页图）

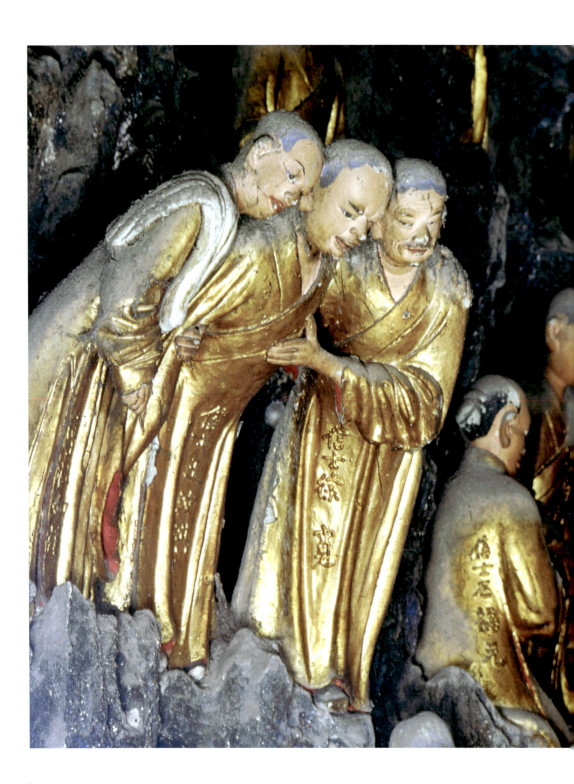

观音殿五百罗汉塑像，壁上的小型罗汉。（上图）

观音殿五百罗汉塑像，壁上的小型罗汉身上刻有信士名字。（左页图）

观音殿五百罗汉塑像，壁上的小型罗汉。

观音殿五百罗汉塑像，壁上的小型罗汉身上刻有信士名字。

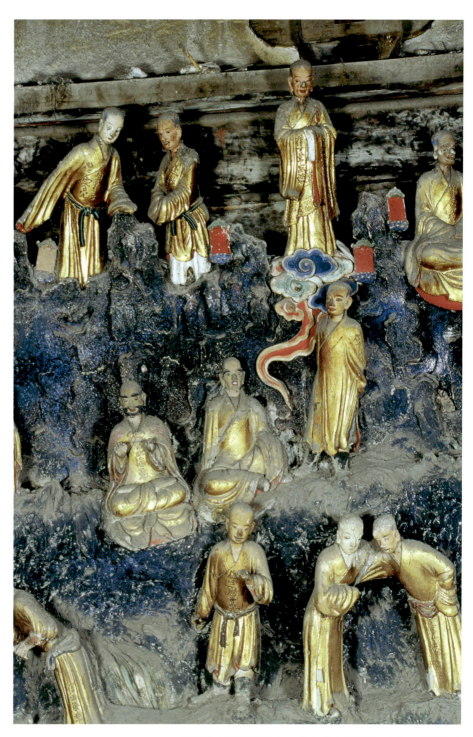

观音殿五百罗汉塑像，壁上的小型罗汉。（左、右页图）

观音殿五百罗汉塑像，壁上的小型罗汉。（左、右页图）

观音殿五百罗汉塑像，壁上的小型罗汉。(左、右页图)

观音殿五百罗汉塑像，壁上的小型罗汉。（左、右页图）

观音殿五百罗汉塑像，壁上的小型罗汉。（左、右页图）

观音殿五百罗汉塑像，壁上的小型罗汉。（左、右页图）

观音殿五百罗汉塑像，壁上的小型罗汉。（左、右页图）

观音殿五百罗汉塑像，壁上的小型罗汉。（左、右页图）

134

观音殿五百罗汉塑像，壁上的小型罗汉。（左、右页图）

观音殿五百罗汉塑像，壁上的小型罗汉。（左、右页图）

137

观音殿五百罗汉塑像，壁上的小型罗汉。

更重要的是，我们在罗汉群塑里看到的，与其说是神仙世界的罗汉，不如说是现实生活中的众生。他们中有渔夫、樵夫、市民、小贩、农人、武士、书生、优伶、百工，以及公卿大夫等，实际上是当时社会不同阶层各类人物的艺术再现。这从一个侧面体现了"佛法平等"、"众生皆有佛性"的大乘思想。

绕过观音三大士像，背后是观音寺中另一处为世人称道的艺术珍品——四川峨嵋山、浙江普陀山和山西五台山的全景浮雕像。这三座佛教名山，分别是普贤、观音、文殊三菩萨恒常显化的道场，展示了"文殊之大智、观音之大悲、普贤之大行"这一佛教慈悲济世的精神核心。而其中最为精美、被美术界誉为"东方维纳斯"的塑像，是位于整座浮雕正中、以浙江普陀胜景为背衬的飘海观音雕像。

【飘海观音—重彩鎏金·神采飘逸】

飘海观音，又称海岛观音、渡海观音，是近现代大型汉传佛寺中常见的最漂亮的一大组群象。塑像主体部分均为重彩鎏金，一望无际的南海上，波涛汹涌，气势壮阔；右侧屹立着悬崖峭壁、流水淙淙的普陀仙山，一支巨大的鳌鱼，昂首摆尾，破浪畅游在水中；鳌头上站立的观音菩萨，高2.48米，手持净瓶柳枝，神采飘逸，从半浮雕的背景画面中脱颖而出，以全塑的立体形象，突现在浩渺的海面上。她体态匀称，端庄秀美，温柔优雅，超凡脱俗。海风吹动菩萨衣袂，静中有动，动中有静，栩栩如生，活灵活现，若即若离，呼之欲出，令壁前观者大有身临其境之感。

殿中的一副楹联，揭示了观音菩萨的非凡神力和大悲精神：

　　立足跨鳌头，堤坊沧桑横流日；

　　以手援天下，实现金刚不坏身。

雕塑飘海观音在艺术表现手法上，继承了我国唐宋时期造型丰满而不臃肿，线条流畅而不轻薄，刻划细腻而不琐碎的特色，摆脱了历来佛教造像只求庄严、不讲情趣的束缚，大胆地舍去了背屏、佛龛等塑造菩萨的程式和布局，而将观音置于南海的实景布局核心，通过鳌鱼头尾出没在惊涛骇浪中，来显示出观音的挺拔和神威。

为了增加壁塑的气魄，古代雕塑家又采用了众星捧月的构图形式，错落有致地把数十尊各驾水兽的众佛弟子，分布在飘海观音和鳌鱼的四周，让这些在风浪中出没的众佛弟子，紧紧地与飘海观音的主体塑像交相呼应，形成一种气势磅礴、汹涌澎湃、波浪滔天的神话色彩和浓有的生活韵味，从而体现了一种理想化了的宗教精神境界，表现出了塑像艺人独到的艺术构思和高超的创作水平。

新津观音寺观音殿全貌

观音殿内塑像全部用楠木、柏木作身架，先用稻草包扎，再用黄泥、稻草、棕丝粉糊，最后用观音土（即白泥）、棉花、桐油和糯米浆混合捶烂粉糊，之后再贴丝棉纸，然后在丝纸上粉彩，最后再贴上金箔。此悬塑壁上有观音、文殊、普贤及小罗汉等诸多佛像。

文殊菩萨位于观音菩萨的左边，端坐在场景为五台山的道场，体现出一种大智之神韵。

文殊菩萨位于观音菩萨的左边，端坐在场景为五台山的道场，体现出一种大智之神韵。上图为文殊菩萨侧面像，左页图为文殊菩萨正面像。

普贤菩萨位于观音菩萨的右边，端坐场景为峨嵋山的道场。可惜面部和身体已开裂。在距今四百年的岁月中，一个庙宇的泥塑绝大部分十分完整，仅有少量泥塑开裂，已是十分稀罕的事。

飘海观音周围还如众星拱月似地点缀着数十尊菩萨眷属，他们各驭奇形水兽，亦出没于普陀山道场海涛峰谷之间，与飘海观音的主体塑像交相呼应，其梵音袅袅，海涛阵阵，形神俱妙，呼之欲出，令壁前观者大有身临其境之感。

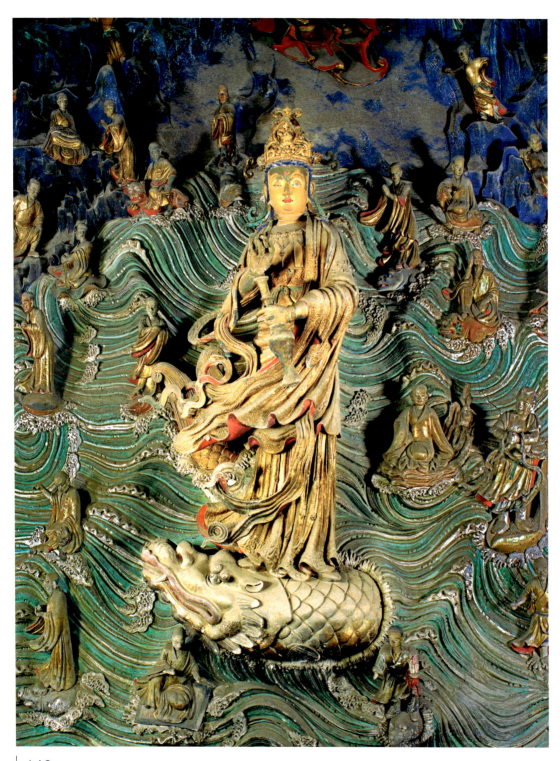

风海观音雕像高约 2.5 米，悬塑在离地 2 米多高的空中，由其脚下踩踏的大鳌与背壁相连，塑像主体部分均为重彩鎏金，观音目光凝定，手持净瓶，足踏巨鳌，置身在波涛汹涌的南海普陀山中。正如大殿楹联"立足跨鳌头，堤坊沧桑横流日；以手援天下，实现金刚不坏身"的意境，在洪涛巨浪中体现了"纵横自在"与"如如不动"的真精神，可谓深得一动一静、自然之道的妙趣。（左、右页图）

飘海观音正面像（局部），手持净瓶，目光凝定，主体部分均为重彩鎏金。

飘海观音立体全身像，足踩鳌头，身后为南海普陀山的海涛。

四大金刚塑像，在飘海观音、文殊和普贤菩萨悬塑的两边和中间分别塑有四大金刚像。（左、右页图）

四大金刚塑像，在飘海观音、文殊和普贤菩萨悬塑的两边和中间分别塑有四大金刚像。（左、右页图）

【惊世绝伦的毗卢殿明代壁画】

观音寺的毗卢殿是专为供奉毗卢遮那佛而建造的。殿宇面阔三间，即当心间、左右二次间共10.72米，进深六架椽共10.9米。

该殿正中塑像为三身佛，即居中的法身佛、在其左侧（东侧）的报身佛，与其右侧（西侧的应身三佛。

天台宗认为毗卢遮那佛为法身佛，即先天就具有的体现佛法的佛本身，他又称"大日如来""光明普照佛"、"除暗遍明佛"，按梵音直译，为"光明遍照一切处"之意。密宗最崇敬的就是毗卢遮那佛。

卢舍那佛为报身佛，是指以法身为"因"，经过修习而获得的佛果之身。

释加牟尼佛为应身佛，是指佛为度脱世间众生需要示现之身。有人为"一佛三身"打了个形象化的比喻：法身像有似领导者的标准像，报身像有似贴在博士学位证书上的像，应身像则有似贴在工作证上的像。这三佛同殿时，模样相同，区别在于手势印相：毗卢遮那佛的手势为菩提印，卢舍那佛的手势为禅定印，释加牟尼佛的手势为施无畏印。

三身像前有一座明代三层石刻香炉，端稳庄重，古色古香。第一层香炉盘口刻十二伎乐琵琶、笙箫等乐器，中层刻佛教故事，下层刻缠枝牡丹、云纹卷草图案。毗卢殿的左右厢壁上便是被誉为观音寺"镇寺之宝"的明代壁画。

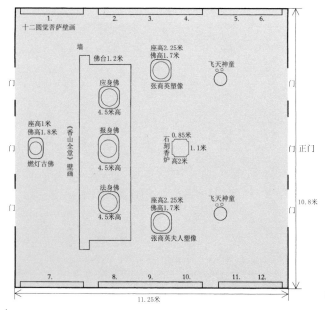

毗卢殿平面位置图

供奉释迦牟尼三身像的四川新津观音寺
毗卢殿全貌（本页两图）

157

位于毗卢殿正中央的释迦牟尼三身像。中间是清净法身毗卢遮那佛，手势为菩提印，法身就是佛的本身，代表绝对的真理，也是宇宙万物的本体，每一个人都具足，每一个众生的法身是共同的，尽虚空遍法界是一个自己，迷失了法身即变成凡夫。右边是圆满报身卢舍那佛，手势为禅定印，表示证得绝对真理而自受法乐的佛身，是修德的智慧，有始无终，表真正的自利。左边是千百意化身释迦牟尼佛，手势为施无畏印，表示佛为度脱世间众生，随三界六道的不同状况和需要而现之身，帮助一切众生觉悟。

在毗卢殿释迦牟尼三身佛的两边各塑一个脚踩云彩的飞天神童，此为右边的飞天神童。

在毗卢殿三身佛的两边各塑一个脚踩云彩的飞天神童，此为左边的飞天神童。

飞天神童，在毗卢殿的两根红柱上有脚踩一丝云彩的飞天神童四个，神情生动，栩栩如生。

飞天神童，在毗卢殿的两根红柱上有脚踩一丝云彩的飞天神童四个，神情生动，栩栩如生。

燃灯古佛，在毗卢殿的后门，有一尊石刻佛，名"燃灯古佛"，为大明弘治十一年雕刻。在《瑞应本起经》中说，释迦牟尼宿世曾买五茎莲花供养此佛，蒙燃灯佛援记。

供养人宋代少保张商英塑像

及中三身像前有一座三层镂空石刻香炉，刻于明成化五年（1470年）。第一层香炉盘口下所刻十二伎乐，琵琶、
琵、箫、铃、阮等弹拨吹奏乐器。中层刻佛教故事，下层刻缠枝牡丹、云纹卷草图案。

石刻香炉局部，可见出佛像故事人物造形的浑厚风格。（左、右页图）

石刻香炉局部，由人物活泼多变的造型，可见当时雕工的细腻纯熟。（左、右页图）

毗卢殿明代壁画——

十二圆觉菩萨像

　　全殿壁画共有七铺,面积94平方米,绘于明宪宗成化四年(1468年),分别置于毗卢殿左右侧和后壁上,每铺长3~3.3米,高3.15米,分为上、中、下三层。上层绘飞天、幢幡宝盖和天宫奇景,中层绘十二圆觉菩萨和二十四诸天,下层绘龛座、神兽、供养人像。在佛龛背后,还绘制有精彩纷呈的"香山全堂"。其中最精妙的壁画,是十二圆觉菩萨、二十四诸天及十三个供养人像。

　　十二圆觉是密教崇奉的著名菩萨群体。观音寺久负盛名的十二圆觉菩萨壁画,是根据唐代西域高僧佛陀多罗所译《圆觉经》而创作的。《圆觉经》全称为《大方广圆觉修多罗了义经》,"圆觉"就是圆满的觉性,圆满的修行,圆满的智慧。《圆觉经》是一切佛法的总持,对后世中国佛教文化影响极大。该经分为十二章,内容描述文殊、普贤等十二位圆觉菩萨向佛请法,而释迦牟尼佛分层次地宣说大圆觉的妙理。

　　观音寺毗卢殿壁画的十二圆觉菩萨像,按庙门的相同方向,排列如下(十二菩萨各像位置请见156页图):

　　左边:1.清净慧菩萨　2.普眼菩萨　3.弥勒菩萨　4.威德自在佛菩萨　5.文殊菩萨　6.圆觉菩萨

　　右边:7.普贤菩萨　8.金刚藏菩萨　9.辨音菩萨　10.净诸业障菩萨　11.普觉佛菩萨　12.贤善首佛菩萨

普贤菩萨像——自体之性周遍叫"普",随缘成德叫"贤",表大行由智起行,达到行解不二,即证毗卢遮那佛。(右页图)

在佛龛背后有清乾隆二十一年十月重新绘制的"香山全堂",系观音菩萨的修行事迹。(左图)

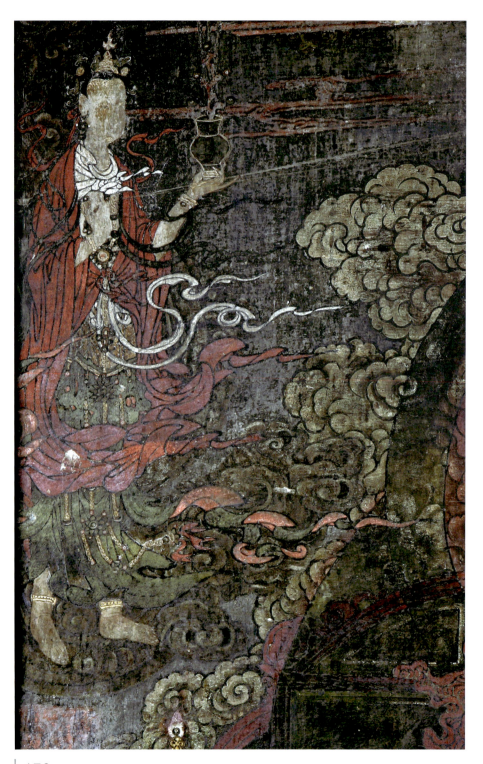

普贤菩萨像局部。普贤菩萨"诸幻尽灭,觉心不动"的修行法门,透过画工生动的人物形象绘制,其表情自然内涵丰富,将其修行法门寓教于美轮美奂的艺术造型之中。(左、右页图)

普贤菩萨像局部。普贤菩萨"诸幻尽灭，觉心不动"的修行法门，透过画工生动的人物形象绘制，其表情自然内涵丰富，将其修行法门寓教于美轮美奂的艺术造型之中。（左、右页图）

金刚藏菩萨——"金刚"比喻坚、明、利，坚固不移的信，破一切怀疑，才有功德。"藏"表破疑后功德的库藏。

辨音菩萨——佛一音说法，表能细辨法音，善巧代大众提问。

净诸业障菩萨——一切业业障由思想而来，"净诸业障"表修行人怎么把自己思想看破，不执着思想上，也不
执着在一切行为上。（左、右页图）

普觉菩萨与贤善首菩萨像，观音寺毗卢殿明代壁画，描绘精密，造型优美生动，色彩富丽。普觉菩萨与贤善首菩萨采用铁线描勾勒，突出了凝重行愿的特征。贤善首菩萨人物形象，按照《造像亮度经》要求绘制，但人物服饰的细节与面部表情刻划得唯妙唯肖，生动活泼。

普觉菩萨面部造型——"普觉"表心念要永远清净，发心度脱一切众生，使其究竟证入圆觉。

贤善首菩萨面部造型——"贤"表柔顺，"善首"表《圆觉经》中最要紧的是什么，"贤善首"表佛法功德里面最要紧的功德。

普觉菩萨与贤善首菩萨像
前方站立的神像造型局部。
（左、右页图）

普觉菩萨与贤善首
菩萨像前方站立的
神像造型局部。
（左、右页图）

观音寺毗卢殿左边的菩萨像，由左至右为普眼菩萨、弥勒菩萨与威德自在菩萨像，画工对每一个人物的衣饰细节和面部表情，都刻画得唯妙唯肖，生动活泼，并无因传统宗教艺术内容严肃而流于僵化刻板。（上图）

普觉菩萨与贤善首菩萨像前方站立的神像造型局部。（左页图）

威德自在菩萨——"威德自在"表修三观成功后，有大威势，足以降服恶魔，有大慈德，堪可救助众生。

尔勒菩萨——译成中文叫"无胜"菩萨，胜德超过大众，在《圆觉经》中提出了什么是轮回的根本问题。他是等觉菩萨，一生即补佛位，所以表示除去细微迷惑，就能证得究竟圆觉。

普眼菩萨——普观一切法性清净，自得解脱，"普"是普渡众生，普开众生智慧眼目亦即观世音的慈眼，表示我们不能只看眼前一点小事，要看到普天下的众生。

普眼菩萨、弥勒菩萨与威得自在菩萨像前的货持者。

普眼菩萨、弥勒菩萨与威得自在菩萨像前的货持者（局部）。（上图）
普眼菩萨、弥勒菩萨与威得自在菩萨像前的货持者。（右页图）

普眼菩萨、弥勒菩萨与威德自在菩萨像前的货持者（局部）。

文殊菩萨与圆觉菩萨像。左为文殊菩萨，右为圆觉菩萨。壁画色调柔和，所绘菩萨像，身材匀称，脸庞圆润，凤目低垂，樱唇微闭，不仅画出菩萨的丰润饱满，也表现了菩萨的温纯慈祥。特别是文殊菩萨所披薄纱上的雪花图案，笔法精细，把丝的质感表现得淋漓尽致。

圆觉菩萨——"圆觉"表圆修法义，圆满成佛。《圆觉经》中讲上、中、下三种根基的人的修行方法，依其方法圆修法义而成佛，即称"圆觉"。

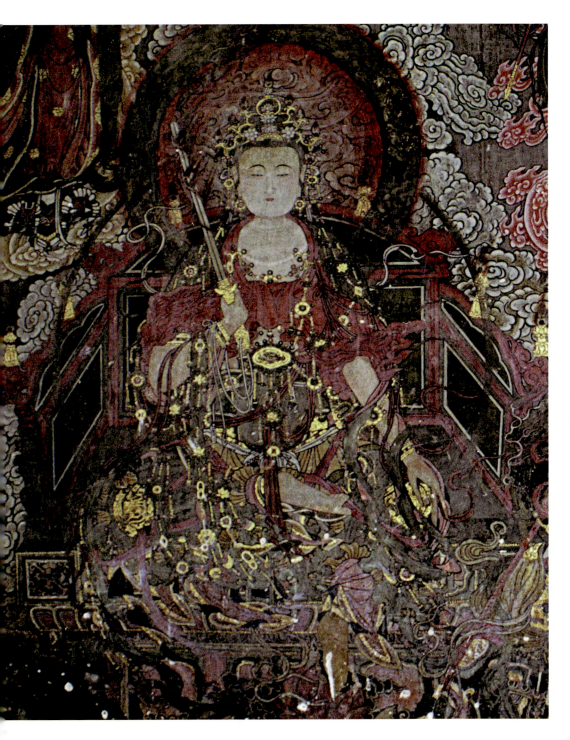

文殊菩萨——"文殊"表智慧，即信解证入的大智慧。

文殊菩萨后方之护法神。

诸天则是佛教中诸位尊天的简称。他们是佛教中管领一方的天神，是佛法的护持者，常被塑在大雄宝殿两侧，且各前倾约15度，以示对佛的尊敬。汉化的诸天，一般是二十位，称"二十天"，也有"二十四天"或"二十八天"的。毗卢殿内的壁画是二十四天，从圆觉菩萨开始排列次序如下(13至24诸天位于庙门左边方向，13至24诸天位于庙门右边方向)：

1.紧那罗王尊天	2.婆迦尊天	3.功德尊天
4.月宫尊天	5.菩提树神尊天	6.诃梨帝喃尊天
7.金刚帝喃尊天	8.韦驮尊天	9.持国尊天
10.广目尊天	11.大梵天王尊天	12.散脂大将尊天
13.星宿尊天	14.雷神大将尊天	15.日宫尊天
16.阎摩罗王尊天	17.坚牢地神尊天	18.娑竭龙王尊天
19.鬼子母尊天	20.摩醯首罗尊天	21.增长尊天
22.多闻尊天	23.大辩才尊天	24.帝释尊天

总的来说，大殿东西两壁共六铺壁画，所绘十二圆觉菩萨及二十四诸天护法眷属，加上四隅天官、天女、供养人等，共计有四十九个人物形象。整个壁画的线描技法，娴熟地采用了中国传统的兰叶描、铁线描、钉头鼠尾描等，色调柔和，线条流畅，色彩明丽。由于壁画可以比较自由地添加云彩、侍从、法器道具、花卉鸟兽等作为陪衬，所以画面更加显得飘逸生动。

壁画中所绘菩萨像，身材匀称，脸庞圆润，凤目低垂，樱唇微闭，不仅画出了菩萨的丰润饱满，也表现了菩萨的温存慈祥。画面运思精湛绝妙，下笔鬼斧神工，具有很强的艺术魅力。菩萨们身上所披之雪白细纱，皆用珍珠粉勾勒纱纹线条，精心描绘出蛛丝般微妙的衣饰细节，具有轻薄透明、如沐春风的质感，无怪乎人们称其为惊世绝伦的国之瑰宝。

　　而在所有壁画形像中堪称极致的，则是右壁第二铺最后一幅"清净慧菩萨"。清净慧菩萨在佛教中象征着用清净圆明的深妙智慧破除修行中的障阻和执著。在这幅壁画中，菩萨微目沉思，手持如意，慧目微开，肌肤以珍珠粉晕染，璎珞宝饰全身，整个画面宁静自在，吉祥安谧，于袅袅生风的衣带裙裾中，透出一股纤尘不染的清净智慧之气。艺人们用珍珠粉勾勒出雪白细纱的纱纹线条，将丝织品特有的轻薄透明的质感表现得淋漓尽致，充分展现了女性美的形体特征和内在气质，国人称之为"东方蒙娜丽莎"，是中国现存壁画中绝无仅有者。古代艺人的高超技艺，至今仍为画家们赞不绝口。

　　毗卢殿壁画中的菩萨、诸天和供养人像，全部按照《造像量度经》规定来绘制的，不过半跏趺座的菩萨高度为 1.8 米，诸天的高度则为 1.5 米，供养人只有 0.9 米或 1 米左右。尽管人物形象和比例按定式绘制，但各尊菩萨的服饰根据各自在教内的不同象征，在线条描技法选用上又相当灵活自如，比如圆觉菩萨，采用兰叶描勾勒，以显其圆润亲和之特色；而普觉菩萨，则采用铁线描勾勒，以突出其凝重行愿的特征。

　　毗卢殿的后壁绘有妙庄王三个女儿出嫁修行的故事。画面人物，主像如真人大小，形象气质各具特点，仪态安详端庄，宛若生人。背景以山水草木、楼阁亭台衬托，布局得当，错落有致。

　　伫立在毗卢殿造型优美、线条细腻的壁画前，只觉天衣飘扬，满壁风动，众多佛神，形象鲜活，表情自然，内涵丰富，在美轮美奂的艺术造型中，寓托着庄严端肃的宗教思想。

清净慧菩萨像前方之护法神（左图）

清净慧菩萨像，画像的运思精湛巧妙，画工技艺超群，呈现出清净慧菩萨在佛教中象征的清净圆明的深渺智慧。（右页图）

【图版索引】

文殊菩萨与圆觉菩萨中间后方之护法神像，姿态飘逸优雅。笔法精细，把丝的质感表现得淋漓尽致。

摄影者简介

马元浩

1944 年	出生于上海
1965 年	毕业于上海财经学院
1980 年	中国摄影家协会会员
1984 年	任中央电视台摄制的电视剧《今年在这里》副导演
1986 年	获英国皇家摄影学会高级会士（FRPS）头衔
1990 年	被列入英国剑桥《世界名人录》（IBC）
1991 年	定居香港
1994 年	在日本东京银座富士沙龙专业摄影家展览厅举办"遥远的天路——晒大佛"摄影展
1996 年	在香港大丰堂举办"莲缘"摄影展
1997 年	在上海开设"源源坊"艺术摄影工作室，摄影作品参加上海第一届艺术博览会
	在台湾出版《双林寺彩塑佛像》摄影集
1999 年	在香港光华新闻中心举办"佳人有约——马元浩怀旧人物"摄影展
2003 年	在香港成立"香港上海美术家联合会"，任秘书长
2004 年	自港返沪，成立"莲缘"马元浩艺术工作室
2005 年	在海南岛博鳌东方文化苑任荷花馆馆长
	在青岛雕塑馆成立"马元浩摄影工作室"
	任《遗珠古镇——阮仪三教授致力保护古镇》六集电视纪实片导演
2006 年	在台湾出版 《莲华接翠观音寺》摄影集

摄影 马元浩　　摄影助理 来然良
图片制作 来然良、黄姝荟

封面设计：周小玮

美术编辑：雷雅婷

责任编辑：王　扬

责任印制：陆　联

图书在版编目（CIP）数据

莲华接翠观音寺／马元浩摄.—北京：文物出版社，
2008.10

（佛教美术全集）
ISBN 978-7-5010-2581-7

Ⅰ.莲…　Ⅱ.马…　Ⅲ.观音－佛像－中国－摄影集
Ⅳ.B949.92-64

中国版本图书馆 CIP 数据核字（2008）第 129878 号

莲华接翠观音寺

马元浩◎摄影／撰文◎林保尧、苏浙生

文物出版社出版发行

（北京市东直门内北小街 2 号楼　邮政编码 100007）

http://www.wenwu.com

E-mail:web@wenwu.com

合肥市银联彩色印务有限责任公司印刷

新华书店经销

开本：720 × 1020　1/16　印张：13

2008 年 10 月第 1 版　2008 年 10 月第 1 次印刷

ISBN 978-7-5010-2581-7

定价：65.00 元